会話が弾む！
基礎中国語

劉驫 著

白帝社

本テキストの音声について

　本テキストの音声は、白帝社ホームページ内の本テキストのページから、ダウンロードやストリーミングで聞くことができます。
　吹込み：凌慶成、容文育

https://www.hakuteisha.co.jp/news/n58029.html

※各機器と再生ソフトに関する技術的なご質問は、各メーカーにお願いします。
※本テキストと音声は著作権法で保護されています。

■ はじめに ■

　このテキストは、中国語の初歩的な知識を学び終えた学習者を対象に、聞く力と話す力を重点的に伸ばすために作成されました。全6課、各課6頁で、週1回のペースで半年ほどで無理なく学習し終えるようにデザインされています。

　本書の主な特徴は、次の3点にまとめられます。
① 学習者の語用論的能力（状況に応じて相手の意図を的確に認識し、適切な応答を行う能力）の向上とともに、気軽に会話を楽しむ場面において自然な受け答えができるよう、本文や例文は「対話」の形で作成されています。
② 中国語の文は字間を少し空け、ピンインには˅マークを入れることで、間を取る箇所や息継ぎが必要な箇所を示しています。これにより、学習者はより丁寧で自然な中国語を発音できるようになることが期待されます。
③「課題」のセッションでは、ゼロから文を作るのではなく、基本的な構文における空欄を埋める形式が採用されています。その上で、関連する「補充語句」が豊富に用意されているため、授業中に辞書を引くことなく作文できます。

　次に、各課の構成について紹介します。
【本文】自然な会話の流れに沿って短い文（発話）から構成されているため、構文の複雑さに左右されずに音読を続けることで、正確さと流暢さの向上が見込まれます。
【表現】本文の表現に類似した他の言い回しや、提案を受け入れる際に限らず、丁寧に断る際や理由を述べる際の表現も学ぶことで、より多様なバリエーションを習得できます。

【ドリル】リスニング・スキルの向上のみならず、質問への返答を考えて作文を行うことで、ライティング・スキルの向上も期待されます。

【課題】【補充語句】日本の都道府県と観光名所、休日の過ごし方、数多くの料理と飲み物などに関する表現を網羅する「補充語句」を参照しながら、同じクラスの仲間と協力して「課題」を作成することは、学習意欲の促進につながります。

　最後に、学びを楽しくする温かみのあるイラストを創作してくださった張恢先生、ダイナミックでインパクトのある表紙をデザインしてくださった宇佐美佳子様、心を落ち着かせる美しい音声を吹き込んでくださった凌慶成先生と容文育先生、貴重なご意見を含む多大なお力添えをいただいた編集担当の杉野美和様には、心より深く御礼を申し上げます。

2024 年秋

劉驫

■目　次■

第1課　自己紹介　　　　　　　　　　　…6
フルネームと名字　　出身地　　年齢　　学部、大学

第2課　あいさつと趣味　　　　　　　…12
近況　　趣味　　推薦　　感謝

第3課　休日の過ごし方　　　　　　　…18
休日の過ごし方　　方法　　よく行く所

第4課　出かける約束　　　　　　　　…24
時間を指定した誘い　　事柄を指定した誘い

時間と場所

第5課　食事に行く　　　　　　　　　…30
変化　　レストランを指定した誘い

国の料理を指定した誘い

第6課　旅行の相談　　　　　　　　　…36
経験　　好きなアトラクション　　目的地へのアクセス

日本語から引く語句索引　…42

中国全図

| 第1課 | # 自己紹介 |

■ 本 文

◀)2
ゆっくり
◀)3
自然な速さ

李浩然：你好！ 我叫 李浩然。 你叫 什么名字？
Nǐ hǎo! Wǒ jiào ˇLǐ Hàorán. Nǐ jiào ˇshénme míngzi?

陈梦瑶：你好！ 我叫 陈梦瑶。
Nǐ hǎo! Wǒ jiào ˇChén Mèngyáo.

李浩然：你是 哪里人？
Nǐ shì ˇnǎli rén?

陈梦瑶：我是 北京人，你呢？
Wǒ shì ˇBěijīngrén, nǐ ne?

李浩然：我是 上海人。 你多大了？
Wǒ shì ˇShànghǎirén. Nǐ duō dà le?

陈梦瑶：我 十八岁了，你呢？
Wǒ ˇshíbā suì le, nǐ ne?

■ 新出語句

◀)4

| 哪里人　nǎli rén　どこの人 | 上海人　Shànghǎirén　上海の人 |
| 北京人　Běijīngrén　北京の人 | 多大　duō dà　いくつ |

6　　　　　　　　　第1課

李浩然: 我 十九岁了。你是 哪个 学院的？
Wǒ ˇ shíjiǔ suì le. Nǐ shì ˇ něige ˇ xuéyuàn de?

陈梦瑶: 我是 经济 学院的。
Wǒ shì ˇ jīngjì ˇ xuéyuàn de.

李浩然: 我是 外语 学院的。 认识你，我很高兴！
Wǒ shì ˇ wàiyǔ ˇ xuéyuàn de. Rènshi nǐ, wǒ hěn gāoxìng!

陈梦瑶: 我也 很高兴！
Wǒ yě ˇ hěn gāoxìng!

经济	jīngjì	経済
学院	xuéyuàn	学部
外语	wàiyǔ	外国語
认识	rènshi	知り合う
高兴	gāoxìng	うれしい

第1課

■ 表　現

フルネームと名字

◀》5　1．你叫 什么名字？——我叫 李浩然。
　　　　Nǐ jiào ˇ shénme míngzi?　Wǒ jiào ˇ Lǐ Hàorán.

　　2．你贵姓？——我姓李。
　　　　Nǐ guìxìng?　Wǒ xìng Lǐ.

出身地

◀》6　1．你是 哪里人？——我是 北京人。
　　　　Nǐ shì ˇ nǎli rén?　Wǒ shì ˇ Běijīngrén.

　　2．你是 哪国人？——我是 日本人。
　　　　Nǐ shì ˇ nǎ guó rén?　Wǒ shì ˇ Rìběnrén.

年　齡

◀》7　1．你 多大了？——我 十八岁。
　　　　Nǐ ˇ duō dà le?　Wǒ ˇ shíbā suì.

　　2．您 多大 年纪？——我 七十岁。
　　　　Nín ˇ duō dà ˇ niánjì?　Wǒ ˇ qīshí suì.

学部、大学

◀》8　1．你是 哪个 大学的？——我是 北京 大学的。
　　　　Nǐ shì ˇ něige ˇ dàxué de?　Wǒ shì ˇ Běijīng ˇ dàxué de.

　　2．你是 哪个 学院的？——我是 外语 学院的。
　　　　Nǐ shì ˇ něige ˇ xuéyuàn de?　Wǒ shì ˇ wàiyǔ ˇ xuéyuàn de.

哪国人　nǎ guó rén　どこの国の人　｜ 年纪　niánjì　年齡

■ドリル：まず質問文を書き取り、次にそれに対する答えを中国語で書きなさい。

9　① 質問

　　　　答え

　　② 質問

　　　　答え

　　③ 質問

　　　　答え

　　④ 質問

　　　　答え

　　⑤ 質問

　　　　答え

　　⑥ 質問

　　　　答え

第1課

■ 課題：「本文」のバリエーションを考えましょう

A：你好！我叫 ＿＿＿＿＿＿＿＿。你叫 什么名字？

B：你好！我叫 ＿＿＿＿＿＿＿＿。

A：你是 哪里人？

B：我 ＿＿＿＿＿＿＿人，你呢？

A：我 ＿＿＿＿＿＿＿人。你多大了？

B：我 ＿＿＿＿＿＿＿岁了，你呢？

A：我 ＿＿＿＿＿＿＿岁了。你是 哪个 学院的？

B：我 ＿＿＿＿＿＿＿学院的。

A：我 ＿＿＿＿＿＿＿学院的。＿＿＿＿＿＿＿！

B：＿＿＿＿＿＿＿！

■ 補充語句（日本語から）

日本の都道府県

北海道	北海道 Běihǎidào
青森	青森 Qīngsēn
岩手	岩手 Yánshǒu
宮城	宮城 Gōngchéng
秋田	秋田 Qiūtián
山形	山形 Shānxíng
福島	福岛 Fúdǎo
茨城	茨城 Cíchéng
栃木	枥木 Lìmù
群馬	群马 Qúnmǎ
埼玉	埼玉 Qíyù
千葉	千叶 Qiānyè
東京	东京 Dōngjīng
神奈川	神奈川 Shénnàichuān
新潟	新潟 Xīnxì
富山	富山 Fùshān
石川	石川 Shíchuān
福井	福井 Fújǐng
山梨	山梨 Shānlí
長野	长野 Chángyě
岐阜	岐阜 Qífù
静岡	静冈 Jìnggāng
愛知	爱知 Àizhī
三重	三重 Sānchóng
滋賀	滋贺 Zīhè
京都	京都 Jīngdū
大阪	大阪 Dàbǎn
兵庫	兵库 Bīngkù
奈良	奈良 Nàiliáng
和歌山	和歌山 Hégēshān
鳥取	鸟取 Niǎoqǔ
島根	岛根 Dǎogēn
岡山	冈山 Gāngshān
広島	广岛 Guǎngdǎo
山口	山口 Shānkǒu
徳島	德岛 Dédǎo
香川	香川 Xiāngchuān
愛媛	爱媛 Àiyuán
高知	高知 Gāozhī
福岡	福冈 Fúgāng
佐賀	佐贺 Zuǒhè
長崎	长崎 Chángqí
熊本	熊本 Xióngběn
大分	大分 Dàfēn
宮崎	宫崎 Gōngqí
鹿児島	鹿儿岛 Lù'érdǎo
沖縄	冲绳 Chōngshéng

中国の直轄市

北京	北京 Běijīng
天津	天津 Tiānjīn
上海	上海 Shànghǎi
重慶	重庆 Chóngqìng

大学生の年齢

18 歳	十八岁 shíbā suì
19 歳	十九岁 shíjiǔ suì
二十歳	二十岁 èrshí suì
21 歳	二十一岁 èrshiyī suì
22 歳	二十二岁 èrshi'èr suì

学部

人文	人文 rénwén
教育	教育 jiàoyù
法律	法律 fǎlù
工学	工学 gōngxué
理学	理学 lǐxué
農学	农学 nóngxué
医学	医学 yīxué
薬学	药学 yàoxué
歯学	口腔医学 kǒuqiāng yīxué

初対面のあいさつ

お知り合いになれて光栄です。 认识您，我很荣幸！ Rènshi nín, wǒ hěn róngxìng!
——お会いできて光栄です。 　——幸会幸会！ Xìnghuì xìnghuì!

第 1 課　　　　11

第2課　あいさつと趣味

■ 本　文

🔊11　李浩然：好久不见！你身体 好吗？
🔊12　　　　　Hǎojiǔ bújiàn! 　Nǐ shēntǐ ˇ hǎo ma?

陈梦瑶：很好，谢谢！今天 天气 很不错。
　　　　Hěn hǎo, xièxie! Jīntiān ˇ tiānqì ˇ hěn búcuò.

李浩然：是啊，很暖和。
　　　　Shì a, hěn nuǎnhuo.

陈梦瑶：你平时 喜欢 做什么？
　　　　Nǐ píngshí ˇ xǐhuan ˇ zuò shénme?

李浩然：我喜欢 旅游，也喜欢 露营。你呢？
　　　　Wǒ xǐhuan ˇ lǚyóu, yě xǐhuan ˇ lùyíng. Nǐ ne?

陈梦瑶：我也喜欢 旅游。除了 旅游，我还喜欢 看书。
　　　　Wǒ yě xǐhuan ˇ lǚyóu. Chúle ˇ lǚyóu, wǒ hái xǐhuan ˇ kàn shū.

■ 新出語句

🔊13
好久不见	hǎojiǔ bújiàn	久しぶり		平时	píngshí	ふだん。平素
身体	shēntǐ	体		喜欢	xǐhuan	好き
今天	jīntiān	今日		露营	lùyíng	キャンプ
天气	tiānqì	天気		除了	chúle	〜のほか。〜以外
不错	búcuò	悪くない。良い		还	hái	その上。さらに

12　　　　　　　　　第2課

李浩然：你喜欢 看什么书？
　　　　Nǐ xǐhuan ˇ kàn shénme shū?

陈梦瑶：我喜欢 看科幻小说。
　　　　Wǒ xǐhuan ˇ kàn kēhuàn xiǎoshuō.

李浩然：是吗？那，你可以 看看《三体》，很有意思。
　　　　Shì ma? Nà, nǐ kěyǐ ˇ kànkan ˇ «Sāntǐ», hěn yǒu yìsi.

陈梦瑶：谢谢 你的推荐！
　　　　Xièxie ˇ nǐ de tuījiàn!

科幻　kēhuàn　SF。空想科学
小说　xiǎoshuō　小説
可以　kěyǐ　～する価値がある。～したらどうだ(助言を表す)

三体　Sāntǐ　中国の作家・劉慈欣によるSF小説
有意思　yǒu yìsi　おもしろい。興味深い

第2課

■ 表　現

近　況

◀)14　1. 你家里人 都好吗？——都很好，谢谢！
　　　　Nǐ jiālirén dōu hǎo ma?　Dōu hěn hǎo, xièxie!

　　　2. 你最近 怎么样？——我很好，谢谢！
　　　　Nǐ zuìjìn zěnmeyàng?　Wǒ hěn hǎo, xièxie!

趣　味

◀)15　1. 你喜欢 做什么？　——我喜欢 弹钢琴。
　　　　Nǐ xǐhuan zuò shénme?　Wǒ xǐhuān tán gāngqín.

　　　2. 你有 什么 爱好？——我的 爱好是 打乒乓球。
　　　　Nǐ yǒu shénme àihào?　Wǒ de àihào shì dǎ pīngpāngqiú.

推　薦

◀)16　1. 你可以 尝尝 这个菜，很好吃。　　——好的！
　　　　Nǐ kěyǐ chángchang zhèige cài, hěn hǎochī.　Hǎo de!

　　　2. 你可以 听听 这首歌，很好听。　　——谢谢！
　　　　Nǐ kěyǐ tīngting zhèi shǒu gē, hěn hǎotīng.　Xièxie!

感　謝

◀)17　1. 我帮你吧！——太感谢了！
　　　　Wǒ bāng nǐ ba!　Tài gǎnxiè le!

　　　2. 路上小心！——谢谢 你的关心！
　　　　Lùshang xiǎoxīn!　Xièxie nǐ de guānxīn!

尝　cháng　味見する

第 2 課

■ドリル：まず質問文を書き取り、次にそれに対する答えを中国語で書きなさい。

18 ① 質問 _____

答え _____

② 質問 _____

答え _____

③ 質問 _____

答え _____

④ 質問 _____

答え _____

⑤ 質問 _____

答え _____

⑥ 質問 _____

答え _____

第2課

■ 課題：「本文」のバリエーションを考えましょう

A：好久不见！你身体 好吗？

B：＿＿＿＿＿。今天 天气 ＿＿＿＿＿。

A：＿＿＿＿＿。

B：你平时 喜欢 做什么？

A：我喜欢 ＿＿＿＿＿，也喜欢 ＿＿＿＿＿。你呢？

B：我喜欢 ＿＿＿＿＿。除了 ＿＿＿＿＿，我还喜欢

　　＿＿＿＿＿。

A：你喜欢 ＿＿＿＿＿？

B：我喜欢 ＿＿＿＿＿。

A：是吗？那，你可以 ＿＿＿＿＿。

B：谢谢！

■ 補充語句（日本語から）

体の調子
19　非常に元気　非常好 fēicháng hǎo
とても元気　很好 hěn hǎo
まあまあ　还可以 hái kěyǐ
あまり元気ではない　不太好 bú tài hǎo

暑さ寒さ
とても気持ちが良い　很舒服 hěn shūfu
とても暖かい　很暖和 hěn nuǎnhuo
とても涼しい　很凉快 hěn liángkuai
少し暑い　有点儿热 yǒudiǎnr rè
少し寒い　有点儿冷 yǒudiǎnr lěng
とても暑い　很热 hěn rè
とても寒い　很冷 hěn lěng

趣味
小説を読む　看小说 kàn xiǎoshuō
映画を観る　看电影 kàn diànyǐng
テレビを観る　看电视 kàn diànshì
音楽を聴く　听音乐 tīng yīnyuè
楽器を演奏する　演奏乐器 yǎnzòu yuèqì
運動をする　做运动 zuò yùndòng
絵を描く　画画儿 huà huàr
ダンスをする　跳舞 tiàowǔ

趣味について詳しい内容
小説　小说 xiǎoshuō：
　恋愛　恋爱 liàn'ài
　サイエンス・フィクション　科幻 kē-
　huàn
　サスペンス　悬疑 xuányí
　ホラー　恐怖 kǒngbù
　歴史　历史 lìshǐ
映画　电影 diànyǐng：
　アニメーション　动画 dònghuà

アクション　动作 dòngzuò
コメディ　喜剧 xǐjù
スリラー　惊悚 jīngsǒng
ミステリー　推理 tuīlǐ
テレビ　电视 diànshì：
　ニュース番組　新闻节目 xīnwén jié-
　mù
　バラエティー番組　综艺节目 zōngyì
　jiémù
　スポーツ番組　体育节目 tǐyù jiémù
　ドキュメンタリー　纪录片 jìlùpiàn
　ドラマ　电视剧 diànshìjù
音楽　音乐 yīnyuè：
　ポップス　流行 liúxíng
　ロック　摇滚 yáogǔn
　ジャズ　爵士 juéshì
　クラシック　古典 gǔdiǎn
　ラップ　说唱 shuōchàng
楽器　乐器 yuèqì：
　ピアノを弾く　弹钢琴 tán gāngqín
　バイオリンを弾く　拉小提琴 lā xiǎo-
　tíqín
　フルートを吹く　吹笛子 chuī dízi
　トランペットを吹く　吹小号 chuī
　xiǎohào
　ドラムを叩く　敲鼓 qiāo gǔ
スポーツ　运动 yùndòng：
　サッカーをする　踢足球 tī zúqiú
　野球をする　打棒球 dǎ bàngqiú
　バスケットボールをする　打篮球 dǎ
　lánqiú
　テニスをする　打网球 dǎ wǎngqiú
　ボーリングをする　打保龄球 dǎ bǎo-
　língqiú

第 2 課

第3課	**休日の過ごし方**

■ 本　文

◀)20　李浩然： 你平时 怎么 过周末？
◀)21　　　　Nǐ píngshí zěnme guò zhōumò?

陈梦瑶： 我喜欢 在家 看小说、看电影，你呢？
　　　　Wǒ xǐhuan zài jiā kàn xiǎoshuō、kàn diànyǐng, nǐ ne?

李浩然： 我喜欢 在户外 活动，比如 露营、野餐 等等。
　　　　Wǒ xǐhuan zài hùwài huódòng, bǐrú lùyíng、yěcān děngdeng.

陈梦瑶： 你经常 去哪儿 露营？
　　　　Nǐ jīngcháng qù nǎr lùyíng?

李浩然： 我经常去 附近的 公园 露营。
　　　　Wǒ jīngcháng qù fùjìn de gōngyuán lùyíng.

陈梦瑶： 你是 一个人去，还是 跟朋友 一起去？
　　　　Nǐ shì yí ge rén qù, háishi gēn péngyou yìqǐ qù?

■ 新出語句

◀)22　周末　zhōumò　週末
　　　户外　hùwài　屋外
　　　活动　huódòng　活動する
　　　比如　bǐrú　例えば

野餐　yěcān　ピクニック
经常　jīngcháng　よく。いつも
附近　fùjìn　付近

18　　　　　　　　　　　　　第3課

李浩然：我跟朋友 一起去。
　　　　Wǒ gēn péngyou ˇ yìqǐ qù.

陈梦瑶：下次 有机会，我也想去，可以吗？
　　　　Xiàcì ˇ yǒu jīhuì, wǒ yě xiǎng qù, kěyǐ ma?

李浩然：当然可以！我们 打算 下个月去，到时 给你 打
　　　　Dāngrán kěyǐ!　Wǒmen ˇ dǎsuan ˇ xiàge yuè qù, dào shí ˇ gěi nǐ ˇ dǎ

　　　　电话。
　　　　diànhuà.

陈梦瑶：好的，非常期待！
　　　　Hǎo de, fēicháng qīdài!

下次	xiàcì	今度。次回
机会	jīhuì	機会
可以	kěyǐ	〜してもよい
到时	dào shí	その時になったら

好的	hǎo de	分かった（相手の提案や依頼に対して同意などを表す）
期待	qīdài	期待

第3課

■ 表　現

休日の過ごし方

◀)23 1．你怎么 过周末？ ——我喜欢 在家 看漫画。
　　　 Nǐ zěnme guò zhōumò?　Wǒ xǐhuan zài jiā kàn mànhuà.

　　　2．你怎么 过暑假？——我打算 回老家。
　　　 Nǐ zěnme guò shǔjià?　Wǒ dǎsuan huílǎojiā.

方　法

◀)24 1．你怎么 去大学？ ——我骑 自行车 去大学。
　　　 Nǐ zěnme qù dàxué?　Wǒ qí zìxíngchē qù dàxué.

　　　2．中国人 怎么 吃饺子？ ——中国人 蘸醋 吃饺子。
　　　 Zhōngguórén zěnme chī jiǎozi?　Zhōngguórén zhàn cù chī jiǎozi.

よく行く所

◀)25 1．你一般 去哪儿 加油？ ——我去 附近的 加油站 加油。
　　　 Nǐ yìbān qù nǎr jiāyóu?　Wǒ qù fùjìn de jiāyóuzhàn jiāyóu.

　　　2．你平时 去哪儿 买菜？
　　　 Nǐ píngshí qù nǎr mǎi cài?

　　　　　——我去 车站 旁边的 超市买菜。
　　　　　 Wǒ qù chēzhàn pángbiān de chāoshì mǎi cài.

漫画　mànhuà　漫画
暑假　shǔjià　夏休み
老家　lǎojiā　故郷。実家
蘸　zhàn　ちょっとつける

醋　cù　香醋
加油　jiāyóu　給油する
加油站　jiāyóuzhàn　ガソリンスタンド

■ドリル：まず質問文を書き取り、次にそれに対する答えを中国語で書きなさい。

26 ① 質問

　　　答え

② 質問

　　　答え

③ 質問

　　　答え

④ 質問

　　　答え

⑤ 質問

　　　答え

⑥ 質問

　　　答え

第3課

■ 課題：「本文」のバリエーションを考えましょう

A：你 怎么 过 _____？

B：我喜欢 _____、_____，你呢？

A：我喜欢 _____，比如 _____、_____
等等。

B：你经常 去哪儿 _____？

A：我经常去 _____。

B：你是 一个人去，还是 跟 _____一起去？

A：我 _____去。

B：下次 有机会，我也想去，可以吗？

A：当然可以！_____打算 _____去，到时给
你 _____。

B：好的，非常期待！

■ 補充語句（日本語から）

休日

27 休日　节假日 jiéjiàrì
ゴールデンウイーク　黄金周 huángjīnzhōu
国慶節　国庆节 Guóqìngjié
ハロウィン　万圣节 Wànshèngjié
クリスマス　圣诞节 Shèngdànjié
新年　新年 xīnnián
冬休み　寒假 hánjià
春休み　春假 chūnjià
今週末　这个周末 zhèige zhōumò

休日の過ごし方

街をぶらつく　逛街 guàngjiē
おしゃべりする　聊天儿 liáotiānr
散歩する　散步 sànbù
犬の散歩をする　遛狗 liùgǒu
山登りをする　爬山 páshān
魚釣りをする　钓鱼 diàoyú
水泳する　游泳 yóuyǒng
ランニングする　跑步 pǎobù
クライミングする　攀岩 pānyán
サーフィンする　冲浪 chōnglàng
旅行する　旅游 lǚyóu
撮影する　摄影 shèyǐng
ご飯を作る　做饭 zuòfàn
漫画を読む　看漫画 kàn mànhuà
試合を観る　看比赛 kàn bǐsài
書道をする　写书法 xiě shūfǎ
ドライブをする　开车兜风 kāichē dōufēng
ゲームをする　玩儿游戏 wánr yóuxì
カラオケをする　唱卡拉 OK　chàng kǎlā'ōukèi

よく行く所

ビーチ　海边 hǎibiān
川沿い　河边 hébiān
友達の家　朋友家 péngyou jiā
親戚の家　亲戚家 qīnqi jiā
図書館　图书馆 túshūguǎn
体育館　体育馆 tǐyùguǎn
ショッピングモール　商场 shāngchǎng
百貨店　百货店 bǎihuòdiàn
レストラン街　美食街 měishíjiē

インターネット関連

アプリをダウンロードする　下载 APP xiàzài ēipìpì
ショートムービーをアップロードする 上传短视频 shàngchuán duǎnshìpín
WeChat（中国版 LINE）に写真や動画を投稿する　发朋友圈 fā péngyǒuquān
レッド（中国版 Instagram）を見る 看小红书 kàn xiǎohóngshū
（誰かに）「いいね」を送る　给…点赞 gěi…diǎn zàn
（誰かを）フォローする　关注… guānzhù…

連絡方法

メッセージを送る　发微信 fā Wēixìn（WeChat）
ショートメッセージを送る　发短信 fā duǎnxìn
メールを送る　发邮件 fā yóujiàn

第 3 課　　　23

第4課　　出かける約束

■ 本　文

🔊28　陈梦瑶：你星期六 有时间吗？
🔊29　　　　　Nǐ xīngqīliù yǒu shíjiān ma?

李浩然：有时间，什么事？
　　　　Yǒu shíjiān, shénme shì?

陈梦瑶：我想去 KTV，你想 一起去吗？
　　　　Wǒ xiǎng qù KTV, nǐ xiǎng yìqǐ qù ma?

李浩然：好啊，咱们 几点去？
　　　　Hǎo a, zánmen jǐ diǎn qù?

陈梦瑶：早上 十点 怎么样？
　　　　Zǎoshang shí diǎn zěnmeyàng?

李浩然：没问题！ 那，咱们 怎么去？
　　　　Méi wèntí! Nà, zánmen zěnme qù?

■ 新出語句

🔊30　什么事　shénme shì　どんな用事
　　　KTV　カラオケボックス
　　　好啊　hǎo a　いいね（相手の提案を喜
　　　んで受け入れる気持ちを表す）

怎么样　zěnmeyàng　いかが（提案の
後に用いて、相手の意見を尋ね、押
しつける感じを和らげる）

24　　　　　　　　第4課

陈梦瑶：我想 骑自行车 去，可以吗？
Wǒ xiǎng qí zìxíngchē qù, kěyǐ ma?

李浩然：当然 可以。对了，你想 唱什么歌？
Dāngrán kěyǐ. Duìle, nǐ xiǎng chàng shénme gē?

陈梦瑶：我想唱 流行歌曲，你呢？
Wǒ xiǎng chàng liúxíng gēqǔ, nǐ ne?

李浩然：我想唱 怀旧歌曲。　那，咱们 星期六见！
Wǒ xiǎng chàng huáijiù gēqǔ. Nà, zánmen xīngqīliù jiàn!

対了　duìle　そうだ（別の話題を持ち出すときに用いる）
流行　liúxíng　はやっている
歌曲　gēqǔ　曲。歌曲
怀旧　huáijiù　昔のことなどを懐かしく思う

■ 表　現

時間を指定した誘い

◀))31　1．今天晚上 有时间吗？
Jīntiān wǎnshang yǒu shíjiān ma?

　　——今天晚上 我没有 时间，明天晚上可以吗？
　　Jīntiān wǎnshang wǒ méiyǒu shíjiān, míngtiān wǎnshang kěyǐ ma?

　　2．这个 星期六 有事吗？　——没事，怎么了？
　　Zhèige xīngqīliù yǒushì ma?　Méishì, zěnme le?

事柄を指定した誘い

◀))32　1．我想 去公园 散步，你想 一起去吗？
Wǒ xiǎng qù gōngyuán sànbù, nǐ xiǎng yìqǐ qù ma?

　　——不好意思，我现在 没时间，过一会儿 行吗？
　　Bù hǎoyìsi, wǒ xiànzài méi shíjiān, guò yíhuìr xíng ma?

　　2．我想 去商场 买衣服，你能 跟我 一起去吗？
　　Wǒ xiǎng qù shāngchǎng mǎi yīfu, nǐ néng gēn wǒ yìqǐ qù ma?

　　——当然可以。
　　Dāngrán kěyǐ.

時間と場所

◀))33　1．咱们 明天 几点 见面？七点 可以吗？
Zánmen míngtiān jǐ diǎn jiànmiàn? Qī diǎn kěyǐ ma?

　　——七点 太早了，八点吧！
　　Qī diǎn tài zǎo le, bā diǎn ba!

　　2．咱们 下午 在哪儿 见面？　学校 门口 行吗？
　　Zánmen xiàwǔ zài nǎr jiànmiàn? Xuéxiào ménkǒu xíng ma?

　　——学校 门口 太冷了，咱们 在车站里 见面吧！
　　Xuéxiào ménkǒu tài lěng le, zánmen zài chēzhànli jiànmiàn ba!

有事	yǒushì	用事がある	不好意思	bù hǎoyìsi	ごめんなさい
没事	méishì	用事がない	过一会儿	guò yíhuìr	もう少ししてから
散步	sànbù	散歩する			

■ドリル：まず質問文を書き取り、次にそれに対する答えを中国語で書きなさい。

34 ① 質問 _____

　　　答え _____

② 質問 _____

　　　答え _____

③ 質問 _____

　　　答え _____

④ 質問 _____

　　　答え _____

⑤ 質問 _____

　　　答え _____

⑥ 質問 _____

　　　答え _____

见面　jiànmiàn　顔を合わせる。～と会う ｜ 门口　ménkǒu　出入り口

第4課　　　　27

■ 課題：「本文」のバリエーションを考えましょう

A：你 ＿＿＿＿＿＿ 有时间吗？

B：有时间，什么事？

A：我想去 ＿＿＿＿＿＿，你想 一起去吗？

B：好啊，咱们 几点去？

A：＿＿＿＿＿＿ 怎么样？

B：没问题！那，咱们 怎么去？

A：我想 ＿＿＿＿＿＿ 去，可以吗？

B：当然 可以。对了，你想 ＿＿＿＿＿？

A：我想 ＿＿＿＿＿＿，你呢？

B：我想 ＿＿＿＿＿。那，咱们 ＿＿＿＿＿＿见！

■ 補充語句（日本語から）

時点

35 今日の午後　今天下午 jīntiān xiàwǔ

明日の午前　明天上午 míngtiān shàng-
wǔ

今週の日曜日　这个星期日 zhèige xīng-
qīrì

来週の土曜日　下个星期六 xiàge xīng-
qīliù

日本の観光名所

日本の観光名所　日本有名的观光景点
Rìběn yǒumíng de guānguāng jǐngdiǎn：

東京タワー　东京塔 Dōngjīngtǎ

東京スカイツリー　东京晴空塔
Dōngjīng qíngkōngtǎ

横浜みなとみらい　横滨港未来
Héngbīnggǎng wèilái

横浜中華街　横滨中华街 Héngbīn
zhōnghuájiē

大阪城　大阪城 Dàbǎnchéng

ユニバーサル・スタジオ・ジャパン
日本环球影城 Rìběn huánqiú yǐng-
chéng

嵐山　岚山 Lánshān

清水寺　清水寺 Qīngshuǐsì

太宰府　太宰府 Tàizǎifǔ

ハウステンボス　豪斯登堡 Háosīdēng-
bǎo

交通手段

徒歩　走路 zǒulù

自転車を利用する　骑自行车 qí zìxíng-
chē

バイクを利用する　骑摩托车 qí mótuō-
chē

車を利用する　开车 kāichē

タクシーを利用する　坐出租车 zuò
chūzūchē

電車を利用する　坐电车 zuò diànchē

バスを利用する　坐公共汽车 zuò gōng-
gòng qìchē（"公交车 gōngjiāochē"とも
呼ばれる）

地下鉄を利用する　坐地铁 zuò dìtiě

新幹線を利用する　坐新干线 zuò xīn-
gànxiàn

飛行機を利用する　坐飞机 zuò fēijī

観光地などでの活動

（〜で）買うお土産は？　买什么纪念
品 mǎi shénme jìniànpǐn

（〜で）食べるものは？　吃什么好吃
的 chī shénme hǎochī de

（〜で）観る展覧会は？　看什么展览
kàn shénme zhǎnlǎn

（〜で）誰のライブを見る？　看谁的
演唱会 kàn shéi de yǎnchànghuì

（〜で）楽しむ観光スポットは？　欣
赏什么风景 xīnshǎng shénme fēngjǐng

（〜で）乗るアトラクションは？　坐
什么游乐设施 zuò shénme yóulè shèshī

第4課

第5課	# 食事に行く

■ 本　文

◀))36
◀))37

陈梦瑶：我肚子 饿了，你呢？
　　　　Wǒ dùzi è le, nǐ ne?

李浩然：我也 饿了。咱们 去哪儿 吃饭？
　　　　Wǒ yě è le. Zánmen qù nǎr chī fàn?

陈梦瑶：去学校 门口 那家饭店吧！
　　　　Qù xuéxiào ménkǒu nèi jiā fàndiàn ba!

李浩然：好的！
　　　　Hǎo de!

（在饭店 Zài fàndiàn）

陈梦瑶：我想吃 八宝菜 和饺子。 你呢？
　　　　Wǒ xiǎng chī bābǎocài hé jiǎozi. Nǐ ne?

李浩然：我想吃 麻婆豆腐 和锅贴，你喝什么？
　　　　Wǒ xiǎng chī mápó dòufu hé guōtiē, nǐ hē shénme?

■ 新出語句

◀))38 八宝菜　bābǎocài　八宝菜
饺子　jiǎozi　水餃子

麻婆豆腐　mápó dòufu　麻婆豆腐
锅贴　guōtiē　焼き餃子

30　　　　　第5課

陈梦瑶：我喝 冰咖啡，加糖，不加奶。
　　　　Wǒ hē ˇ bīng kāfēi, jiā táng, bù jiā nǎi.

李浩然：那，我喝可乐。
　　　　Nà, wǒ hē kělè.

陈梦瑶：咱们 点餐吗？
　　　　Zánmen ˇ diǎncān ma?

李浩然：好的！服务员，我们点餐。
　　　　Hǎo de! Fúwùyuán, wǒmen diǎncān.

冰咖啡	bīng kāfēi	アイスコーヒー
加	jiā	加える
糖	táng	砂糖

奶	nǎi	牛乳。ミルク
点餐	diǎncān	注文する
服务员	fúwùyuán	店員

第5課

■ 表　現

変　化

◀)39 1．他为什么 没来学校？　　——你不知道吗？ 他病了。
　　　Tā wèi shénme méi lái xuéxiào?　Nǐ bù zhīdào ma? Tā bìng le.

　　2．你身体 好了吗？ ——我已经 好了，谢谢！
　　　Nǐ shēntǐ hǎo le ma?　Wǒ yǐjīng hǎo le, xièxie!

レストランを指定した誘い

◀)40 1．你想去 学校 门口的 那家西餐厅吗？
　　　Nǐ xiǎng qù xuéxiào ménkǒu de nèi jiā xīcāntīng ma?

　　　——我想去，我喜欢 那儿的 蛋包饭。
　　　Wǒ xiǎng qù, wǒ xǐhuan nàr de dànbāofàn.

　　2．你想去 车站 旁边的 那家 中国饭店吗？
　　　Nǐ xiǎng qù chēzhàn pángbiān de nèi jiā Zhōngguó fàndiàn ma?

　　　——我不想去，那儿的饭菜 太咸了。
　　　Wǒ bù xiǎng qù, nàr de fàncài tài xián le.

国の料理を指定した誘い

◀)41 1．你想吃 中餐吗？　　——我想吃 中餐，特别是 火锅。
　　　Nǐ xiǎng chī zhōngcān ma?　Wǒ xiǎng chī zhōngcān, tèbié shì huǒguō.

　　2．你想吃 法国料理吗？
　　　Nǐ xiǎng chī Fǎguó liàolǐ ma?

　　　——法国料理 太贵了，咱们去吃 意大利 料理吧！
　　　Fǎguó liàolǐ tài guì le, zánmen qù chī Yìdàlì liàolǐ ba!

西餐厅	xīcāntīng	洋食屋	特别 tèbié 特に
蛋包饭	dànbāofàn	オムライス	火锅 huǒguō 火鍋
咸	xián	塩辛い	料理 liàolǐ 料理
中餐	zhōngcān	中華料理	意大利 Yìdàlì イタリア

32　　　　　第5課

■ドリル：まず質問文を書き取り、次にそれに対する答えを中国語で書きなさい。

42 ① 質問

　　　答え

② 質問

　　　答え

③ 質問

　　　答え

④ 質問

　　　答え

⑤ 質問

　　　答え

⑥ 質問

　　　答え

第5課

■ 課題：「本文」のバリエーションを考えましょう

A：我肚子 饿了，你呢？

B：我也 饿了。咱们 去哪儿 吃饭？

A：去 ＿＿＿＿＿＿吧！

B：好的！

（在饭店）

A：我想吃 ＿＿＿＿＿和 ＿＿＿＿＿。你呢？

B：我想吃 ＿＿＿＿＿和 ＿＿＿＿＿，你喝什么？

A：我喝 ＿＿＿＿＿。

B：那，我喝 ＿＿＿＿＿。

A：咱们 点餐吗？

B：好的！服务员，我们点餐。

■ 補充語句 （日本語から）

飲食店

43　ハンバーガー店　汉堡店 hànbǎodiàn
　　火鍋レストラン　火锅店 huǒguōdiàn
　　ラーメン店　拉面店 lāmiàndiàn
　　焼肉店　烤肉店 kǎoròudiàn
　　寿司店　寿司店 shòusīdiàn
　　ファーストフード店　快餐店 kuàicāndiàn
　　カフェ　咖啡店 kāfēidiàn
　　茶屋　茶馆 cháguǎn
　　デザート店　甜品店 tiánpǐndiàn
　　バー　酒吧 jiǔbā

世界の料理と料理名

中華料理　中餐 zhōngcān：
　　北京ダック　烤鸭 kǎoyā
　　ジャージャー麺　炸酱面 zhájiàngmiàn
　　担々麺　担担面 dàndànmiàn
　　小籠包　小笼包 xiǎolóngbāo
　　上海ガニ　大闸蟹 dà zháxiè
　　豚肉の角煮　红烧肉 hóngshāoròu
洋食　西餐 xīcān：
　　ビーフステーキ　牛排 niúpái
　　カレーライス　咖喱饭 gālífàn
　　ハンバーグ　牛肉饼 niúròubǐng
　　ピザ　比萨饼 bǐsàbǐng
　　パスタ　意大利面 yìdàlìmiàn
　　バーベキュー　烧烤 shāokǎo
和食　日本料理 rìběn liàolǐ：
　　天ぷら　天妇罗 tiānfùluó
　　うどん　乌冬面 wūdōngmiàn
　　そば　荞麦面 qiáomàimiàn
　　寿司　寿司 shòusī
　　刺身　刺身 cìshēn

お好み焼き　杂样煎菜饼 záyàng jiāncàibǐng
韓国料理　韩国料理 hánguó liàolǐ：
　　石焼ビビンバ　石锅拌饭 shíguō bànfàn
　　チヂミ　韩式煎饼 hánshì jiānbing
　　キムチ　泡菜 pàocài
　　サムゲタン　参鸡汤 shēnjītāng
　　韓国冷麺　韩式冷面 hánshì lěngmiàn

飲み物

炭酸飲料　碳酸饮料 tànsuān yǐnliào：
　　コカ・コーラ　可口可乐 Kěkǒu kělè
　　ペプシ・コーラ　百事可乐 Bǎishì kělè
　　スプライト　雪碧 Xuěbì
　　ファンタ　芬达 Fēndá
お茶　茶 chá：
　　緑茶　绿茶 lùchá
　　紅茶　红茶 hóngchá
　　ミルクティー　奶茶 nǎichá
　　ウーロン茶　乌龙茶 wūlóngchá
コーヒー　咖啡 kāfēi：
　　アメリカン　美式咖啡 měishì kāfēi
　　モカ　摩卡 mókǎ
　　ラテ　拿铁 nátiě
　　カプチーノ　卡布奇诺 kǎbùqínuò
その他　其他 qítā：
　　カルピス　可尔必思 Kě'ěrbìsī
　　ヤクルト　养乐多 Yǎnglèduō
　　ポカリスエット　宝矿力水特 Bǎokuànglìshuǐtè
　　ラムネ。サイダー　汽水 qìshuǐ

| 第6課 | 旅行の相談 |

■ 本　文

◀))44
◀))45

李浩然：你去过 上海 迪士尼 乐园吗？
Nǐ qùguo ˇ Shànghǎi ˇ Díshìní ˇ lèyuán ma?

陈梦瑶：没去过。我很喜欢 米奇，所以 很想去。
Méi qùguo. Wǒ hěn xǐhuan ˇ Mǐqí, suǒyǐ ˇ hěn xiǎng qù.

李浩然：下次 咱们 一起去吧！
Xiàcì ˇ zánmen ˇ yìqǐ qù ba!

陈梦瑶：好啊！你想 坐什么 游乐设施？
Hǎo a! Nǐ xiǎng ˇ zuò shénme ˇ yóulè shèshī?

李浩然：我想 坐过山车，你呢？
Wǒ xiǎng ˇ zuò guòshānchē, nǐ ne?

陈梦瑶：过山车 太激烈了，我坐不了。
Guòshānchē ˇ tài jīliè le, wǒ zuòbuliǎo.

■ 新出語句

◀))46 迪士尼乐园　Díshìní lèyuán　ディズニーランド
米奇　Mǐqí　ミッキー
游乐设施　yóulè shèshī　アトラクション

过山车　guòshānchē　ジェットコースター
激烈　jīliè　激しい

36　　　　第6課

李浩然：那，建议你 试试 加勒比 海盗，很壮观。
　　　　Nà, jiànyì nǐ ˅ shìshi ˅ Jiālèbǐ ˅ hǎidào, hěn zhuàngguān.

陈梦瑶：谢谢！我一定 去试试。
　　　　Xièxie! Wǒ yídìng ˅ qù shìshi.

李浩然：咱们 坐地铁去，怎么样？不用倒车。
　　　　Zánmen ˅ zuò dìtiě qù, zěnmeyàng? Búyòng dǎochē.

陈梦瑶：好的。我很期待！
　　　　Hǎo de. Wǒ hěn qīdài!

建议 jiànyì 提案する。すすめる	壮观 zhuàngguān	迫力がある。壮大だ
加勒比海盗 Jiālèbǐ hǎidào　パイレーツ・オブ・カリビアン	倒车 dǎochē	乗り換える

第6課　　37

■ 表 現

経 験

◀)47 1. 你看过《哈利波特》系列电影吗？——看过，我非常 喜欢。
Nǐ kànguo Hālì Bōtè xìliè diànyǐng ma? Kànguo, wǒ fēicháng xǐhuan.

2. 你吃过 海底捞 火锅吗？
Nǐ chīguo Hǎidǐlāo huǒguō ma?

——没吃过，有机会的话，我很想 尝一尝。
Méi chīguo, yǒu jīhuì dehuà, wǒ hěn xiǎng cháng yi cháng.

好きなアトラクション

◀)48 1. 你喜欢 坐什么 游乐设施？ ——我喜欢坐 激流勇进。
Nǐ xǐhuan zuò shénme yóulè shèshī? Wǒ xǐhuan zuò jīliú yǒngjìn.

2. 你弟弟 想坐 什么？ ——他想坐 旋转 木马。
Nǐ dìdi xiǎng zuò shénme? Tā xiǎng zuò xuánzhuǎn mùmǎ.

目的地へのアクセス

◀)49 1. 咱们 坐飞机 去香港，怎么样？ ——有 直飞的吗？
Zánmen zuò fēijī qù Xiānggǎng, zěnmeyàng? Yǒu zhífēi de ma?

2. 我们 坐游轮 去澳门，可以吗？
Wǒmen zuò yóulún qù Àomén, kěyǐ ma?

——好啊！我想坐 带游泳池的。
Hǎo a! Wǒ xiǎng zuò dài yóuyǒngchí de.

哈利波特 Hālì Bōtè ハリー・ポッター	旋转 木马 xuánzhuǎn mùmǎ メリー
系列 xìliè シリーズ	ゴーランド
海底捞火锅 Hǎidǐlāo huǒguō 海底捞 ^{かいていろう}	香港 Xiānggǎng 香港
火鍋（火鍋の名店） ^{ひなべ}	直飞 zhífēi 直行便
激流勇进 jīliú yǒngjìn ウォーター	游轮 yóulún 客船。クルーズ
シュート	澳门 Àomén マカオ
	游泳池 yóuyǒngchí プール

38　　　第6課

■ドリル：まず質問文を書き取り、次にそれに対する答えを中国語で書きなさい。

50 ① 質問

　　　答え

② 質問

　　　答え

③ 質問

　　　答え

④ 質問

　　　答え

⑤ 質問

　　　答え

⑥ 質問

　　　答え

第6課

■ 課題：「本文」のバリエーションを考えましょう

A：你去过 ＿＿＿＿＿＿＿ 吗？

B：没去过。我很喜欢 ＿＿＿＿＿＿＿，所以 很想去。

A：下次 咱们 一起去吧！

B：好啊！你想 ＿＿＿＿＿＿＿？

A：我想 ＿＿＿＿＿＿＿，你呢？

B：＿＿＿＿＿＿ 太 ＿＿＿＿＿＿＿ 了。

A：那，建议你 ＿＿＿＿＿＿＿。

B：谢谢！我一定 去 ＿＿＿＿＿＿＿。

A：咱们怎么去？＿＿＿＿＿＿＿去，可以吗？

B：好的。＿＿＿＿＿＿＿！

■ 補充語句（日本語から）

アトラクション、ショーなど

51 観覧車　摩天轮 mótiānlún

お化け屋敷　鬼屋 guǐwū

パレード　巡游 xúnyóu

ショー　娱乐表演 yúlè biǎoyǎn

ミュージカル　音乐剧 yīnyuèjù

ディズニーやユニバーサル・スタジオなどの代表的な映画

アラジン　阿拉丁 Ālādīng

ライオン・キング　狮子王 Shīziwáng

トイ・ストーリー　玩具总动员 Wánjù zǒngdòngyuán

アナと雪の女王　冰雪奇缘 Bīngxuě qíyuán

ズートピア　疯狂动物城 Fēngkuáng dòngwùchéng

モンスターズ・インク　怪兽电力公司 Guàishòu diànlì gōngsī

リメンバー・ミー　寻梦环游记 Xúnmèng huányóujì

トランスフォーマー　变形金刚 Biànxíng jīngāng

ミニオンズ　小黄人 Xiǎohuángrén

ジュラシック・ワールド　侏罗纪世界 Zhūluójì shìjiè

カンフー・パンダ　功夫熊猫 Gōngfu xióngmāo

中国の観光名所

中国の観光名所　中国有名的观光景点 Zhōngguó yǒumíng de guānguāng jǐngdiǎn：

故宮（世界遺産）　故宫 gùgōng

万里の長城（世界遺産）　万里长城 Wànlǐ Chángchéng

ユニバーサル・北京・リゾート　北京环球度假区 Běijīng huánqiú dùjiàqū

五大道（天津市旧租界の西洋建築街道）　五大道 Wǔdàdào

バンド。外灘（上海一の観光スポット）　外滩 Wàitān

秦始皇帝陵及び兵馬俑坑（世界遺産）　秦始皇陵 Qínshǐhuáng líng

西湖（杭州にある世界遺産）　西湖 Xīhú

拙政園（世界遺産。蘇州にある中国四大名園の一つ）　拙政园 Zhuōzhèngyuán

桂林（広西チワン族自治区にある世界遺産）　桂林 Guìlín

観光地の特徴

夜景　夜景 yèjǐng

自然の景色　自然风光 zìrán fēngguāng

名所旧跡　名胜古迹 míngshèng gǔjì

世界遺産　世界遗产 shìjiè yíchǎn

異国情緒　异国风情 yìguó fēngqíng

第6課

■ 日本語から引く語句索引 ■

各課の「新出語句」と「補充語句」の語句が50音順に並んでいます。
新は「新出語句」であることを表し、数字は頁を表します。

あ

アイスコーヒー	冰咖啡 bīng kāfēi	新31
愛知	爱知 Àizhī	11
青森	青森 Qīngsēn	11
秋田	秋田 Qiūtián	11
アクション	动作 dòngzuò	17
明日の午前	明天上午 míngtiān shàngwǔ	29
味見する	尝 cháng	新14
アトラクション	游乐设施 yóulè shèshī	新36
アナと雪の女王	冰雪奇缘 Bīngxuě qíyuán	41
アニメーション	动画 dònghuà	17
アプリをダウンロードする	下载 APP xiàzài ēipìpì	23
あまり元気ではない	不太好 bú tài hǎo	17
アメリカン	美式咖啡 měishì kāfēi	35
嵐山	岚山 Lánshān	29
アラジン	阿拉丁 Ālādīng	41

い

いいね（相手の提案を喜んで受け入れる気持ちを表す）	好啊 hǎo a	新24
（誰かに）「いいね」を送る	给…点赞 gěi…diǎn	
	zàn	23
～以外	除了 chúle	新12
いかが（提案の後に用いて、相手の意見を尋ね、押しつける感じを和らげる）	怎么样 zěnmeyàng	新24
医学	医学 yīxué	11
いくつ	多大 duō dà	新6
異国情緒	异国风情 yìguó fēngqíng	41
石川	石川 Shíchuān	11
石焼ビビンバ	石锅拌饭 shíguō bànfàn	35
イタリア	意大利 Yìdàlì	新32
いつも	经常 jīngcháng	新18
犬の散歩をする	遛狗 liùgǒu	23
茨城	茨城 Cíchéng	11
岩手	岩手 Yánshǒu	11

う

WeChat に写真や動画を投稿する	发朋友圈 fā péngyǒuquān	23
ウーロン茶	乌龙茶 wūlóngchá	35
ウォーターシュート	激流勇进 jīliú yǒngjìn	新38
うどん	乌冬面 wūdōngmiàn	35
うれしい	高兴 gāoxìng	新7

運動をする	做运动 zuò yùndòng	17

え

映画	电影 diànyǐng	17
映画を観る	看电影 kàn diànyǐng	17
SF	科幻 kēhuàn	新13
愛媛	爱媛 Àiyuán	11
絵を描く	画画儿 huà huǎr	17

お

お会いできて光栄です。	幸会，幸会！Xìnghuì, xìnghuì!	11
大分	大分 Dàfēn	11
大阪	大阪 Dàbǎn	11
大阪城	大阪城 Dàbǎnchéng	29
岡山	冈山 Gāngshān	11
沖縄	冲绳 Chōngshéng	11
屋外	户外 hùwài	新18
お好み焼き	杂样煎菜饼 záyàng jiāncàibǐng	35
おしゃべりする	聊天儿 liáotiānr	23
お知り合いになれて光栄です。	认识您，我很荣幸！Rènshi nín, wǒ hěn róngxìng!	11
お茶	茶 chá	35
お化け屋敷	鬼屋 guǐwū	41
オムライス	蛋包饭 dànbāofàn	新32
おもしろい	有意思 yǒu yìsi	新13
音楽	音乐 yīnyuè	17
音楽を聴く	听音乐 tīng yīnyuè	17

か

外国語	外语 wàiyǔ	新7
海底捞火鍋（火鍋の名店）	海底捞火锅 Hǎidǐlāo huǒguō	新38
（〜で）買うお土産は？	买什么纪念品 mǎi shénme jìniànpǐn	29
顔を合わせる	见面 jiànmiàn	新27
香川	香川 Xiāngchuān	11
歌曲	歌曲 gēqǔ	新25
学部	学院 xuéyuàn	新7
鹿児島	鹿儿岛 Lù'érdǎo	11
ガソリンスタンド	加油站 jiāyóuzhàn	新20
楽器	乐器 yuèqì	17
楽器を演奏する	演奏乐器 yǎnzòu yuèqì	17
活動する	活动 huódòng	新18
神奈川	神奈川 Shénnàichuān	11
カフェ	咖啡店 kāfēidiàn	35
カプチーノ	卡布奇诺 kǎbùqínuò	35
カラオケボックス	KTV	新24
カラオケをする	唱卡拉 OK chàng kǎlā'ōukèi	23
体	身体 shēntǐ	新12
カルピス	可尔必思 Kě'ěrbìsī	35
カレーライス	咖喱饭 gālífàn	35
川沿い	河边 hébiān	23
韓国料理	韩国料理 hánguó liàolǐ	35

語句索引

43

韓国冷麺	韩式冷面 hánshì lěng-	
	miàn	35
カンフー・パンダ		
	功夫熊猫 Gōngfu	
	xióngmāo	41
観覧車	摩天轮 mótiānlún	41

き

機会	机会 jīhuì	新19
期待	期待 qīdài	新19
岐阜	岐阜 Qífù	11
キムチ	泡菜 pàocài	35
客船	游轮 yóulún	新38
キャンプ	露营 lùyíng	新12
休日	节假日 jiéjiàrì	23
牛乳	奶 nǎi	新31
給油する	加油 jiāyóu	新20
今日	今天 jīntiān	新12
教育	教育 jiàoyù	11
京都	京都 Jīngdū	11
今日の午後	今天下午 jīntiān xiàwǔ	
		29
興味深い	有意思 yǒu yìsi	新13
曲	歌曲 gēqǔ	新25
清水寺	清水寺 Qīngshuǐsì	29

く

空想科学	科幻 kēhuàn	新13
熊本	熊本 Xióngběn	11
クライミングする		
	攀岩 pānyán	23
クラシック	古典 gǔdiǎn	17
クリスマス	圣诞节 Shèngdànjié	
		23
クルーズ	游轮 yóulún	新38

車を利用する	开车 kāichē	29
加える	加 jiā	新31
群馬	群马 Qúnmǎ	11

け

経済	经济 jīngjì	新7
桂林	桂林 Guìlín	41
ゲームをする	玩儿游戏 wánr yóuxì	
		23

こ

工学	工学 gōngxué	11
香醋	醋 cù	新20
高知	高知 Gāozhī	11
紅茶	红茶 hóngchá	35
コーヒー	咖啡 kāfēi	35
ゴールデンウイーク		
	黄金周 huángjīnzhōu	
		23
コカ・コーラ	可口可乐 Kěkǒu kělè	
		35
故宮	故宫 gùgōng	41
故郷	老家 lǎojiā	新20
五大道	五大道 Wǔdàdào	41
国慶節	国庆节 Guóqìngjié	23
ご飯を作る	做饭 zuòfàn	23
コメディ	喜剧 xǐjù	17
ごめんなさい	不好意思 bù hǎoyìsi	
		新26
今週の日曜日	这个星期日 zhèige	
	xīngqīrì	29
今週末	这个周末 zhèige zhōu-	
	mò	23
今度	下次 xiàcì	新19

44　　　　　　　　語句索引

さ

サーフィンする	冲浪 chōnglàng	23
サイエンス・フィクション		
	科幻 kēhuàn	17
サイダー	汽水 qìshuǐ	35
埼玉	埼玉 Qíyù	11
佐賀	佐贺 Zuǒhè	11
魚釣りをする	钓鱼 diàoyú	23
刺身	刺身 cìshēn	35
サスペンス	悬疑 xuányí	17
撮影する	摄影 shèyǐng	23
サッカーをする	踢足球 tī zúqiú	17
砂糖	糖 táng	新31
サムゲタン	参鸡汤 shēnjītāng	35
さらに	还 hái	新12
散歩する	散步 sànbù	23、新26

し

試合を観る	看比赛 kàn bǐsài	23
ジェットコースター		
	过山车 guòshānchē	
		新36
塩辛い	咸 xián	新32
滋賀	滋贺 Zīhè	11
次回	下次 xiàcì	新19
歯学	口腔医学 kǒuqiāng	
yīxué		11
静岡	静冈 Jìnggāng	11
自然の景色	自然风光 zìrán fēng-	
guāng		41
～したらどうだ（助言を表す）		
	可以 kěyǐ	新13
実家	老家 lǎojiā	新20
～してもよい	可以 kěyǐ	新19
自転車を利用する		

騎自行车 qí zìxíngchē		
		29
島根	岛根 Dǎogēn	11
ジャージャー麺	炸酱面 zhájiàngmiàn	
		35
ジャズ	爵士 juéshì	17
上海	上海 Shànghǎi	11
上海ガニ	大闸蟹 dà zháxiè	35
上海の人	上海人 Shànghǎirén	
		新6
19歳	十九岁 shíjiǔ suì	11
重慶	重庆 Chóngqìng	11
18歳	十八岁 shíbā suì	11
週末	周末 zhōumò	新18
ジュラシック・ワールド		
	侏罗纪世界 Zhūluójì	
shìjiè		41
小説	小说 xiǎoshuō	
		新13、17
小説を読む	看小说 kàn xiǎoshuō	
		17
ショー	娱乐表演 yúlè biǎoyǎn	
		41
ショートムービーをアップロードする		
	上传短视频 shàng-	
chuán duǎnshìpín		23
ショートメッセージを送る		
	发短信 fā duǎnxìn	23
小籠包	小笼包 xiǎolóngbāo	
		35
ショッピングモール		
	商场 shāngchǎng	23
書道をする	写书法 xiě shūfǎ	23
知り合う	认识 rènshi	新7
シリーズ	系列 xìliè	新38

語句索引　　45

新幹線を利用する

坐新干线 zuò xīngàn-xiàn　29

秦始皇帝陵及び兵馬俑坑

秦始皇陵 Qínshǐhuáng líng　41

親戚の家　亲戚家 qīnqi jiā　23

新年　新年 xīnnián　23

人文　人文 rénwén　11

す

水泳する　游泳 yóuyǒng　23

水餃子　饺子 jiǎozi　新30

ズートピア　疯狂动物城 Fēngkuáng dòngwùchéng　41

好き　喜欢 xǐhuan　新12

少し暑い　有点儿热 yǒudiǎnr rè　17

少し寒い　有点儿冷 yǒudiǎnr lěng　17

寿司　寿司 shòusī　35

寿司店　寿司店 shòusīdiàn　35

すすめる　建议 jiànyì　新37

スプライト　雪碧 Xuěbì　35

スポーツ　运动 yùndòng　17

スポーツ番組　体育节目 tǐyù jiémù　17

スリラー　惊悚 jīngsǒng　17

〜する価値がある（助言を表す）

可以 kěyǐ　新13

せ

西湖　西湖 Xīhú　41

世界遺産　世界遗产 shìjiè yíchǎn　41

拙政園　拙政园 Zhuōzhèng-yuán　41

そ

壮観だ　壮观 zhuàngguān　新37

そうだ（別の話題を持ち出すときに用いる）

对了 duìle　新25

その上　还 hái　新12

その他　其他 qítā　35

その時になったら

到时 dào shí　新19

そば　荞麦面 qiáomàimiàn　35

た

体育館　体育馆 tǐyùguǎn　23

タクシーを利用する

坐出租车 zuò chūzūchē　29

太宰府　太宰府 Tàizǎifǔ　29

例えば　比如 bǐrú　新18

（〜で）楽しむ観光スポットは？

欣赏什么风景 xīnshǎng shénme fēngjǐng　29

（〜で）食べるものは？

吃什么好吃的 chī shén me hǎochī de　29

（〜で）誰のライブを見る？

看谁的演唱会 kàn shéi de yǎnchànghuì　29

炭酸飲料　碳酸饮料 tànsuān yǐnliào　35

ダンスをする　跳舞 tiàowǔ　17

担々麺　担担面 dàndànmiàn

		35

ち

地下鉄を利用する		
	坐地铁 zuò dìtiě	29
チヂミ	韩式煎饼 hánshì jiān-	
	bing	35
千葉	千叶 Qiānyè	11
茶屋	茶馆 cháguǎn	35
中華料理	中餐 zhōngcān	
	新32、35	
中国の観光名所	中国有名的观光景点	
	Zhōngguó yǒumíng de guānguāng jǐng-	
	diǎn	41
中国の作家・劉慈欣による SF 小説		
	三体 Sāntǐ	新13
注文する	点餐 diǎncān	新31
直行便	直飞 zhífēi	新38
ちょっとつける	蘸 zhàn	新20

て

提案する	建议 jiànyì	新37
ディズニーランド		
	迪士尼乐园 Díshìní lè-	
	yuán	新36
出入り口	门口 ménkǒu	新27
デザート店	甜品店 tiánpǐndiàn	35
テニスをする	打网球 dǎ wǎngqiú	17
テレビ	电视 diànshì	17
テレビを観る	看电视 kàn diànshì	17
店員	服务员 fúwùyuán	
	新31	
天気	天气 tiānqì	新12
電車を利用する	坐电车 zuò diànchē	
	29	

天津	天津 Tiānjīn	11
天ぷら	天妇罗 tiānfùluó	35

と

～と会う	见面 jiànmiàn	新27
トイ・ストーリー		
	玩具总动员 Wánjù	
	zǒngdòngyuán	41
東京	东京 Dōngjīng	11
東京スカイツリー		
	东京晴空塔 Dōngjīng	
	qíngkōngtǎ	29
東京タワー	东京塔 Dōngjīngtǎ	29
ドキュメンタリー		
	纪录片 jìlùpiàn	17
徳島	德岛 Dédǎo	11
特に	特别 tèbié	新32
どこの国の人	哪国人 nǎ guó rén	
	新8	
どこの人	哪里人 nǎli rén	新6
図書館	图书馆 túshūguǎn	23
栃木	栃木 Lìmù	11
鳥取	鸟取 Niǎoqǔ	11
とても暖かい	很暖和 hěn nuǎnhuo	
	17	
とても暑い	很热 hěn rè	17
とても気持ちが良い		
	很舒服 hěn shūfu	17
とても元気	很好 hěn hǎo	17
とても寒い	很冷 hěn lěng	17
とても涼しい	很凉快 hěn liángkuai	
	17	
徒歩	走路 zǒulù	29
友達の家	朋友家 péngyou jiā	23
富山	富山 Fùshān	11

ドライブをする	开车兜风 kāichē dōu-fēng	23
ドラマ	电视剧 diànshìjù	17
ドラムを叩く	敲鼓 qiāo gǔ	17
トランスフォーマー	变形金刚 Biànxíng jīngāng	41
トランペットを吹く	吹小号 chuī xiǎohào	17
どんな用事	什么事 shénme shì	新24

な

長崎	长崎 Chángqí	11
長野	长野 Chángyě	11
夏休み	暑假 shǔjià	新20
奈良	奈良 Nàiliáng	11

に

新潟	新潟 Xīnxì	11
21歳	二十一岁 èrshiyī suì	11
22歳	二十二岁 èrshi'èr suì	11
日本の観光名所	日本有名的观光景点 Rìběn yǒumíng de guānguāng jǐngdiǎn	29
ニュース番組	新闻节目 xīnwén jié-mù	17

ね

年齢	年纪 niánjì	新8

の

農学	农学 nóngxué	11
～のほか	除了 chúle	新12
乗り換える	倒车 dǎochē	新37
(～で)乗るアトラクションは？	坐什么游乐设施 zuò shénme yóulè shèshī	29

は

バー	酒吧 jiǔbā	35
バーベキュー	烧烤 shāokǎo	35
バイオリンを弾く	拉小提琴 lā xiǎotíqín	17
バイクを利用する	骑摩托车 qí mótuōchē	29
パイレーツ・オブ・カリビアン	加勒比海盗 Jiālèbǐ hǎidào	新37
ハウステンボス	豪斯登堡 Háosīdēng-bǎo	29
迫力がある	壮观 zhuàngguān	新37
激しい	激烈 jīliè	新36
バスケットボールをする	打篮球 dǎ lánqiú	17
パスタ	意大利面 yìdàlìmiàn	35
バスを利用する	坐公共汽车 zuò gōng-gòng qìchē	29
	坐公交车 zuò gōng-jiāochē	29
二十歳	二十岁 èrshí suì	11
八宝菜	八宝菜 bābǎocài	新30

語句索引

はやっている	流行 liúxíng	新25
バラエティー番組		
	综艺节目 zōngyì jiémù	
		17
ハリー・ポッター		
	哈利波特 Hālì Bōtè	
		新38
春休み	春假 chūnjià	23
パレード	巡游 xúnyóu	41
ハロウィン	万圣节 Wànshèngjié	
		23
バンド	外滩 Wàitān	41
ハンバーガー店	汉堡店 hànbǎodiàn	35
ハンバーグ	牛肉饼 niúròubǐng	35
万里の長城	万里长城 Wànlǐ Cháng-	
chéng		41

ひ

ピアノを弾く	弹钢琴 tán gāngqín	17
ビーチ	海边 hǎibiān	23
ビーフステーキ	牛排 niúpái	35
ピクニック	野餐 yěcān	新18
飛行機を利用する		
	坐飞机 zuò fēijī	29
ピザ	比萨饼 bǐsàbǐng	35
久しぶり	好久不见 hǎojiǔ bú-	
jiàn		新12
非常に元気	非常好 fēicháng hǎo	
		17
火鍋	火锅 huǒguō	新32
火鍋レストラン	火锅店 huǒguōdiàn	35
百貨店	百货店 bǎihuòdiàn	23
兵庫	兵库 Bīngkù	11
広島	广岛 Guǎngdǎo	11

ふ

ファーストフード店		
	快餐店 kuàicāndiàn	
		35
ファンタ	芬达 Fēndá	35
プール	游泳池 yóuyǒngchí	
		新38
(誰かを) フォローする		
	关注… guānzhù...	23
付近	附近 fùjìn	新18
福井	福井 Fújǐng	11
福岡	福冈 Fúgāng	11
福島	福岛 Fúdǎo	11
豚肉の角煮	红烧肉 hóngshāoròu	
		35
ふだん	平时 píngshí	新12
冬休み	寒假 hánjià	23
フルートを吹く	吹笛子 chuī dízi	17

へ

平素	平时 píngshí	新12
北京	北京 Běijīng	11
北京ダック	烤鸭 kǎoyā	35
北京の人	北京人 Běijīngrén	
		新6
ペプシ・コーラ	百事可乐 Bǎishì kělè	
		35

ほ

法律	法律 fǎlù	11
ボーリングをする		
	打保龄球 dǎ Bǎolíng-	
qiú		17
ポカリスエット	宝矿力水特 Bǎokuàng-	
lìshuǐtè		35

語句索引

49

北海道	北海道 Běihǎidào	11
ポップス	流行 liúxíng	17
ホラー	恐怖 kǒngbù	17
香港	香港 Xiānggǎng 新	38

ま

麻婆豆腐	麻婆豆腐 mápó dòufu 新	30
まあまあ	还可以 hái kěyǐ	17
マカオ	澳门 Àomén 新	38
街をぶらつく	逛街 guàngjiē	23
漫画	漫画 mànhuà 新	20
漫画を読む	看漫画 kàn mànhuà	23

み

三重	三重 Sānchóng	11
ミステリー	推理 tuīlǐ	17
ミッキー	米奇 Mǐqí 新	36
ミニオンズ	小黄人 Xiǎohuángrén	41
宮城	宮城 Gōngchéng	11
宮崎	宮崎 Gōngqí	11
ミュージカル	音乐剧 yīnyuèjù	41
ミルク	奶 nǎi 新	31
ミルクティー	奶茶 nǎichá	35
(~で) 観る展覧会は？	看什么展览 kàn shénme zhǎnlǎn	29

む

昔のことなどを懐かしく思う	怀旧 huáijiù 新	25

め

名所旧跡	名胜古迹 míngshèng gǔjì	41
メールを送る	发邮件 fā yóujiàn	23
メッセージを送る	发微信 fā Wēixìn (WeChat)	23
メリーゴーランド	旋转木马 xuánzhuǎn mùmǎ 新	38

も

もう少ししてから	过一会儿 guò yíhuìr 新	26
モカ	摩卡 mókǎ	35
モンスターズ・インク	怪兽电力公司 Guàishòu diànlì gōngsī	41

や

焼き餃子	锅贴 guōtiē 新	30
焼肉店	烤肉店 kǎoròudiàn	35
野球をする	打棒球 dǎ bàngqiú	17
薬学	药学 yàoxué	11
ヤクルト	养乐多 Yǎnglèduō	35
夜景	夜景 yèjǐng	41
山形	山形 Shānxíng	11
山口	山口 Shānkǒu	11
山梨	山梨 Shānlí	11
山登りをする	爬山 páshān	23

ゆ

ユニバーサル・スタジオ・ジャパン	日本环球影城 Rìběn	

	huánqiú yǐngchéng	29
ユニバーサル・北京・リゾート		
	北京环球度假区 Běi-	
jīng huánqiú dùjiàqū		41

よ

良い	不错 búcuò	新12
用事がある	有事 yǒushì	新26
用事がない	没事 méishì	新26
洋食	西餐 xīcān	35
洋食屋	西餐厅 xīcāntīng	
		新32
よく	经常 jīngcháng	新18
横浜中華街	横滨中华街 Héngbīn	
zhōnghuájiē		29
横浜みなとみらい		
	横滨港未来 Héngbīn-	
gǎng wèilái		29

ら

ラーメン店	拉面店 lāmiàndiàn	35
ライオン・キング		
	狮子王 Shīziwáng	41
来週の土曜日	下个星期六 xiàge xīng-	
qīliù		29
ラップ	说唱 shuōchàng	17
ラテ	拿铁 nátiě	35
ラムネ	汽水 qìshuǐ	35
ランニングする	跑步 pǎobù	23

り

理学	理学 lǐxué	11
リメンバー・ミー		
	寻梦环游记 Xúnmèng	
huányóujì		41
料理	料理 liàolǐ	新32
緑茶	绿茶 lǜchá	35
旅行する	旅游 lǚyóu	23

れ

歴史	历史 lìshǐ	17
レストラン街	美食街 měishíjiē	23
レッドを見る	看小红书 kàn xiǎo-	
hóngshū		23
恋愛	恋爱 liàn'ài	17

ろ

ロック	摇滚 yáogǔn	17

わ

外灘	外滩 Wàitān	41
分かった（相手の提案や依頼に対して同意		
などを表す）	好的 hǎo de	新19
和歌山	和歌山 Hégēshān	11
和食	日本料理 rìběn liàolǐ	
		35
悪くない	不错 búcuò	新12

劉　驫（りゅう・ひょう。大阪大学准教授）

イラスト：張　恢　　表紙デザイン：宇佐美佳子

会話が弾む！基礎中国語　音声DL

2024 年 12 月 19 日　初版発行

著　者　劉　　驫
発行者　佐藤和幸
発行所　白 帝 社
　　　　〒 171-0014　東京都豊島区池袋 2-65-1
　　　　電話　03-3986-3271
　　　　FAX　03-3986-3272（営）／ 03-3986-8892（編）
　　　　info@hakuteisha.co.jp
　　　　http://www.hakuteisha.co.jp
組版・印刷 倉敷印刷（株）　　製本　（株）ティーケー出版印刷

Printed in Japan 〈検印省略〉6914　　　　　　ISBN978-4-86398-598-8
＊定価は表紙に表示してあります

黑龙江省
Hēilóngjiāng Shěng

哈尔滨
Hā'ěrbīn

内蒙古自治区
Nèi-Měnggǔ Zìzhìqū

长春
Chángchūn

吉林省
Jílín Shěng

呼和浩特
Hūhéhàotè

沈阳
Shěnyáng

辽宁省
Liáoníng Shěng

北京市
Běijīng Shì

河北省
Héběi Shěng

天津市
Tiānjīn Shì

太原
Tàiyuán

石家庄
Shíjiāzhuāng

济南
Jǐnán

西省
ānxī Shěng

山东省
Shāndōng Shěng

郑州
Zhèngzhōu

江苏省
Jiāngsū Shěng

安省
ān

河南省
Hénán Shěng

安徽省
Ānhuī Shěng

南京
Nánjīng

上海市
Shànghǎi Shì

湖北省
Húběi Shěng

合肥
Héféi

市
ng Shì

武汉
Wǔhàn

长沙
Chángshā

杭州
Hángzhōu

浙江省
Zhèjiāng Shěng

湖南省
Húnán Shěng

南昌
Nánchāng

江西省
Jiāngxī Shěng

福建省
Fújiàn Shěng

壮族自治区
xī Zhuàngzú Zìzhìqū

福州
Fúzhōu

台北
Táiběi

广东省
Guǎngdōng Shěng

台湾
Táiwān

广州
Guǎngzhōu

香港
Xiānggǎng

ng

澳门
Àomén

海口
Hǎikǒu

海南省
Hǎinán Shěng